BEI GRIN MACHT SICH IHR WISSEN BEZAHLT

AF153505

- Wir veröffentlichen Ihre Hausarbeit,
  Bachelor- und Masterarbeit

- Ihr eigenes eBook und Buch -
  weltweit in allen wichtigen Shops

- Verdienen Sie an jedem Verkauf

Jetzt bei www.GRIN.com hochladen und kostenlos publizieren

Personal und Organisation. Die Bedeutung des biografischen Fragebogens, Vorteile einer funktionalen Organisation und das Multimodale Interview nach Schuler

Alina Bichler

Bibliografische Information der Deutschen Nationalbibliothek:

Die Deutsche Nationalbibliothek verzeichnet diese Publikation in der Deutschen Nationalbibliografie; detaillierte bibliografische Daten sind im Internet über http://dnb.d-nb.de abrufbar.

ISBN: 9783346655332
Dieses Buch ist auch als E-Book erhältlich.

© GRIN Publishing GmbH
Nymphenburger Straße 86
80636 München

Druck und Bindung: Books on Demand GmbH, Norderstedt Germany
Gedruckt auf säurefreiem Papier aus verantwortungsvollen Quellen

Das Buch bei GRIN: https://www.grin.com/document/1223085

Einsendeaufgabe

Alternative A

Hochgeladen am 22.10.2021

SRH Fernhochschule

Modul: Personal und Organisation

Studiengang: Prävention und Gesundheitspsychologie (B.A.)

von

Alina Bichler

Inhaltsverzeichnis

Abkürzungsverzeichnis

Aufl.	Auflage
bspw.	beispielsweise
bzgl.	bezüglich
bzw.	beziehungsweise
Hrsg.	Herausgeber
o. J.	ohne Jahresangabe
vgl.	vergleiche
z.B.	zum Beispiel
sog.	sogenannt
i.d.R.	in der Regel
MMI	Multimodales Interview
insb.	insbesondere

Abbildungsverzeichnis

Tabellenverzeichnis

Genderhinweis

Aus Gründen der besseren Lesbarkeit wird auf die gleichzeitige Verwendung männlicher und weiblicher Sprachformen verzichtet. Sämtliche Personenbezeichnungen gelten gleichwohl für beiderlei Geschlecht.

Textteil zu Aufgabe A1

Berufsbezogenen Auswahlentscheidungen zählen zu den Wahlhandlungen, die den Erfolg des Unternehmens mit am häufigsten beeinflussen und in erster Linie sowohl von Individuen als auch von der Organisation selbst getroffen werden. Angesichts der Verbesserung der internen Personalauswahl von „Musterfirma" stehen unterschiedliche Methoden bzw. Verfahren zur Verfügung. Allgemein kann zwischen drei Verfahrenstypen der Berufseignungsdiagnostik unterschieden werden: biografieorientierte, simulationsorientierte und eigenschafts- oder konstruktorientierte Verfahren. Für die Auswahl potenzieller Kandidaten für „Musterfirma" wird der sog. biografische Fragebogen herangezogen, der zu den biografieorientierten Verfahren zählt.[1]

Der biografische Fragebogen ist Bestandteil des biografischen Ansatzes der Berufseignungsdiagnostik. Grundidee biografieorientierter Verfahren *ist es Informationen* über vergangenes Verhalten und Leistungsergebnisse herbeizuziehen. Darunter fallen bspw. die Schul- und Berufsbildung, Berufserfahrung, Praktika sowie gegebenenfalls Hobbys. Nach Schuler (2013) besteht die Möglichkeit, durch biografische Informationen auf Fertigkeiten und Kenntnisse eines Bewerbenden zu schließen, wie z.B. Sprach- oder Computerkenntnisse. Zusätzlich lassen diese Informationen auf eine Führungsbefähigung deuten, wenn die sich bewerbende Person Mitglied eines Vorstands war oder in der Schulzeit als Schulsprecher fungiert hat. Biografieorientierte Auswahlinstrumente sind neben dem biografischen Fragebogen das biografische Interview sowie Bewerbungsunterlagen.[2] Im Folgenden steht jedoch ausschließlich der biografische Fragebogen im Fokus.

Angesichts des biografischen Fragebogens (englisch: „biographical data") handelt es sich inhaltlich gesehen um ein standardisiertes Selbstbeschreibungsinstrument zur Personalauswahl, dass verschiedene Fähigkeiten sowie Verhaltensweisen misst und aus der Personalpsychologie stammt. Mittels diesem eignungsdiagnostischen psychologischen Verfahren kann ermittelt werden, inwieweit ein Bewerber für die ausgeschriebene Stelle *prädestiniert* ist.[3]

---

[1] Vgl. Schuler (2013), S. 30, 33
[2] Vgl. Schuler (2013), S. 34
[3] Vgl. Kauffeld/Grohmann (2019), S. 140; Vgl. Strobel/Franke-Bartholdt (2017), S. 107

Die Definition des biografischen Fragebogen lautet nach Strobel und Franke-Bartholdt (2017) wie folgt: „Mit biografischen Items werden Personen gebeten, sich an frühere Verhaltensweisen oder Erfahrungen aus Situationen zu erinnern, die wahrscheinlich in ihrem Leben aufgetreten sind, wobei die Personen jeweils aus einer vorgegebenen Liste von Antwortalternativen jene auswählen sollen, die am besten ihr typisches Verhalten und ihre Erfahrungen in den betreffenden Situationen beschreibt (…)".[4] Wie aus der Definition hervorgeht, kann bereits auf relevante Merkmale des biografischen Fragebogens geschlossen werden. So müssen alle Bewerber bei Anwendung des biografischen Fragebogens dieselben Fragen (zwischen 50-200) beantworten, die sich in Bezug auf die Erwerbstätigkeit und das Leben richten. Das Frageformat liegt zumeist als Multiple-Choice-Fragebogen vor, in diesen sich die Anwortmöglichkeiten aus zwei bis fünf Alternativen zusammensetzten und im Normalfall vorgegeben sind. Zudem findet dieser i.d.R. als Papier- und Bleistiftform ohne Zeitlimit Verwendung.[5] Entsprechend Bröckermann (2016) lässt sich dies darauf zurückführen, dass eine Verzerrung des Antwortverhaltens vermieden werden soll. Sobald es dazu kommen sollte den Fragebogen zu Hause auszufüllen, würde sich die Möglichkeit bieten, diverse Familienmitglieder nach dem Verhalten in bestimmten Situationen zu befragen. Die Folge wäre, dass die eigentliche Persönlichkeit unterdrückt wird.[6] Wichtig bei der Formulierung von standardisierten Fragen ist die biografische Orientierung an den Items. Im Hinblick auf die Itemauswahl ist zu berücksichtigen, dass die abgefragten Sachverhalte möglichst überprüfbar, eindeutig und berufsrelevant sind.[7] Ein Beispiel dafür liefert die folgende Tabelle:

---

[4] Strobel/Franke-Bartholdt (2017), S. 107
[5] Vgl. Aigner/Bauer (2008), S. 102; Strobel/Franke-Bartholdt (2017), S. 107
[6] Vgl. Bröckermann (2016), S. 73
[7] Vgl. Schuler (2014b), S. 260

Orientierung an	Items
Biographie	Wie oft haben Sie sich in den letzten sechs Monaten mit Büchern über Antibiotika beschäftigt?
Persönlichkeit	Würden Sie bei der Erforschung neuer Antibiotika lieber alleine vorgehen oder beim Vertrieb dieser Präparate mitarbeiten?
Interesse	Zeigen Sie an der Wirkungsweise sowie Bedeutung von Antibiotika persönliches Interesse?
Meinung	Werden Antibiotika vermehrt ohne triftigen Grund verschrieben?
Wissen	Welches Antibiotikum geht auf die Entdeckung von Sir Alexander Fleming zurück?

Tabelle 1: Abgrenzung einzelner Frageformen bei schriftlicher Befragung

(Quelle: Eigene Darstellung in Anlehnung an Reinhardt/Kunnig (2016), S.70.

Biografische Fragebogen agieren als eine Systematisierung biografischer Fragen in psycho-metrischer Form, welche, besonders in den USA, in diversen Tätigkeitsbereichen erprobt und effektiv angewendet werden. Für dieses Verfahren können speziell im Versicherungsaußen-dienst, bei Wissenschaftlern, zur Führungskräfteauswahl und auch im militärischen Bereich eine bandbreite an Daten nachgewiesen werden. Jedoch liegen bspw. für Jugendliche eher niedrigere Prognosewerte vor.[8]

Der biografische Fragebogen findet seinen Ursprung bereits im Jahre 1894 durch Colonel Thomas L. Peters, welcher während eines amerikanischen Versicherungsvertretertreffen den Vorschlag, *bzgl.* einer Neuerung zur Verbesserung der Bewerberauswahl, *unterbreitete*. Hier sollten vor allem standardisierte Fragen zu ehemaligen Erfahrungen und demografischen Va-riblen zum Einsatz kommen.[9] Zu einem späteren Zeitpunkt konzipierte Goldsmith (1922) ein Verfahren, in diesem die Items des Fragebogens gewichtet wurden, um erfolgreiche von we-niger erfolgreichen Kandidaten zu differenzieren.[10] Durch diese Vorstöße resultierte ein stan-dardisiertes Tool, dass eine Vergleichbarkeit zwischen den einzelnen Bewerbern bietet.[11] So-mit liegt das *Hauptaugenmerk während* der Erfragung biografischer Daten nicht auf der ein-zigartigen Lebensgeschichte der Bewerber, sondern vielmehr auf Abweichungen in den Le-bensgeschichten, die für Leistungskriterien aussagekräftig sind.[12] Die Grundannahme lautet also, dass vergangenes Verhalten mit zukünftigen Verhalten korreliert.[13] Folglich werden vergangene Verhaltensweisen und Erfahrungen von den Instrumenten erfasst, von diesen an-genommen werden kann, dass sie den erfolgsrelevanten Kriterien zugeordnet werden kön-nen. So können sich bspw. vergangene Verhaltensweisen oder Erfahrungen auf den privaten und ebenso Arbeits- bzw. Ausbildungskontext beziehen.[14]

Bei der Erstellung eines biografischen Fragebogen ist es zwingend notwendig sich an der Anforderungsanalyse des ausgeschriebenen Berufsbildes und der Organisation zu beziehen, da bspw. ein Versicherungsmakler andere Anforderungen abdecken muss als ein

---

[8] Vgl. Schuler (2011), S. 37
[9] Vgl. Strobel/Franke-Bartholdt (2017), S. 106
[10] Vgl. Goldsmith (1922), S. 149
[11] Vgl. Höft/Schuler (2019), S. 87
[12] Vgl. Mumford/Barrett/Hester (2012), S. 354
[13] Vgl. Reinhardt (2016), S. 70-71
[14] Vgl. Strobel/Franke-Bartholdt (2017), S. 107

Vertriebsmitarbeiter für Pharmaprodukte.[15] Um eine statistisch signifikante Aussage zu erzielen, müssen im Vorfeld einige Mitarbeiter in der betreffenden Position gegeben sein.[16] Demzufolge wird später die Validität des Fragebogens näher betrachtet. Die Mitarbeiter, die in einer Position bzw. Funktion erfolgreich sind, werden nach verschiedenen Kriterien befragt. Diese Fragen beziehen sich bspw. auf demografische Eigenschaften, familiäres Umfeld, Freizeitverhalten sowie Berufsausbildung und Berufserfahrung. Dabei werden neben objektiven auch subjektive Daten, wie z.B. die Einschätzung der eigenen Leistungsfähigkeit oder die Kontaktbereitschaft, erhoben.[17] Entsprechend Schuler (2014b) können die vier Ansätze, *empirisch, deduktiv, induktiv* und *Subgrouping*, zur Konstruktion biografischer Fragebögen herangezogen werden, auf die jedoch nicht näher eingegangen werden soll.[18]

Hinsichtlich der Auswertung des biografischen Fragebogen findet diese unter dem Vergleich des Stelleninhabers statt. Umso stärker ein Bewerberprofil dem eines Leistungsträgers gleicht, umso sicherer kann die Firma bei der Einstellungsentscheidung sein. Ein Kritikpunkt hierbei wäre jedoch, dass dieses Instrument ein Unternehmen dazu verleiten kann, an Verhaltensmustern sowie Werteinstellungen, welche in der Vergangenheit gemessen wurden, festzuhalten. Infolgedessen kann es an nötiger Flexibilität hinsichtlich einer Reaktion auf Veränderungen im Umfeld fehlen.[19]

Ein wichtiges Gütekriterium bei einem biografischen Fragebogen ist dessen Validität. Lienert und Raatz (1998) verstehen unter Validität eines Tests den Grad der Genauigkeit, „mit dem dieser Test dasjenige Persönlichkeitsmerkmal oder diejenige Verhaltensweise, das (die) er messen oder vorhersagen soll, tatsächlich mißt oder vorhersagt".[20] Es geht also bei der Genauigkeit um die Frage, ob ein Testverfahren wirklich das misst, was es messen soll oder was es zu messen beansprucht. Das bedeutet, dass ein Auswahlverfahren erst dann valide ist, wenn es tatsächlich das misst, was gemessen werden soll. Bezogen auf die Personalauswahl kann festgehalten werden, dass ein Bewerber, welcher beim Test mit einem guten Ergebnis abschneidet, auch im entsprechenden beruflichen Bereich erfolgreich sein wird.[21] Studien,

---

[15] Vgl. Schuler (1986), S. 4
[16] Vgl. Aigner/Bauer (2008), S. 102
[17] Vgl. Lorenz/Rohrschneider (2015), S. 116-117
[18] Vgl. Schuler (2014b), S. 270
[19] Vgl. Bröckermann (2016), S. 73
[20] Lienert/Raatz (1998), S. 10
[21] Vgl. Reinhardt/Kunnig (2016), S. 52

die sich mit der Überprüfung der Güte von Messinstrumenten auseinandersetzten, legen ihren Fokus in erster Linie auf ihre Kriteriumsvalidität. Aufgrund ihres Umfangs, wurden sie vielfach metaanalytisch zusammengefasst. Dabei stellt sich der biografische Fragebogen in zahlreichen Metaanalysen als eine valide Messmethode bzgl. der Vorhersage verschiedener Kriterien beruflichen Erfolges heraus, in dieser die Validitätskoeffizienten zwischen ‚20 und ‚53 differieren.[22] Laut Liebel (1993) lassen sich in der Literatur Validitäten zwischen r= .40 und r= .70 finden.[23] Hunter und Hunter (1984), die sich in ihrer beschriebenen Metaanalyse auf alle Kriterien stützen, kommen für biografische Fragebogen auf einen durchschnittlichen Validitätskoeffizienten von p= .37, während Bliesener (1995) bei engerer Artefaktdefinition einen Durchschnittswert von p= .30 angibt.[24] Unterschiede in der Validiät lassen sich nach Bliesener (1996) auf die Effekte der Moderator-Variablen zurückführen. Dennoch kann laut Bliesener (1996) geschlussfolgert werden, dass der biografische Fragebogen einen guten Prädikator für die Eignung von Bewerbern *darstellt sowie* gut mit anderen Methoden kombinierbar sei.[25] Es gilt jedoch zu beachten, dass die Höhe der kriterienbezogenen Validität vom jeweils gewählten Kriterium abhängig ist, was auf die starke Anpassung bzgl. der Gewichtung bzw. Auswahl der Fragen an die gegebene Stichprobe zurückzuführen ist. Wenn man also als Kriterium die Gehaltshöhe angibt, resultiert daraus eine Validität von p= .52, bei Auswahl des Kriterums Ausbildungsleistung kann jedoch durchschnittlich nur mit p= .23 gerechnet werden.[26] Schuler (2013) deutet an, dass der Test lediglich dann verwertbare Informationen liefert, wenn der ehemalige Job in einigen Teilen mit dem angestrebten Arbeitsgebiet übereinstimmt.[27] Des weiteren muss die Validität von biografischen Fragebögen nach Konzeption immer erst duch Anwendung an realen Testgruppen getestet werden. Eine grundlegende Notwendigkeit des biografischen *Fragebogen stellt* die regelmäßige Überprüfung sowie wiederholte Messung seiner Validität dar. Vor allem unter dem Gesichtspunkt der sich immer rasanter ändernden Anforderungsprofile in der heutigen *Arbeitswelt gewinnt* dies zunehmend an Bedeutung.[28] Da jede Stelle ein unterschiedliches Anforderungsprofil hat, muss zusätzlich für jede Art von Stelle ein neuer Fragebogen konzipiert werden. Dies deutet darauf

---

[22] Vgl. Strobel/Franke-Bartholdt (2017), S. 115
[23] Vgl. Liebel (1993), S. 369
[24] Vgl. Schuler (2014b), S. 275
[25] Vgl. Bliesener (1996), S. 112, 118
[26] Vgl. Schuler (2014b), S. 275
[27] Vgl. Schuler (2013), S. 34
[28] Vgl. Liebel (1993), S. 369

hin, dass es sich aus Kostengründen nur für Arbeitsplätze mit einer „hohen Zahl an Parallel-stellen" lohnt, den biografischen Fragebogen als eignungsdiagnostisches Mittel einzuset-zen.[29]

Aufgrund seiner hohen Validität nimmt dieser einen hohen Stellenwert in der Personalaus-wahl ein, weshalb abschließend gesagt werden kann, dass sich der biografische Fragebogen als ein zuverlässiges Instrument für die Personalauswahl nachweisen lässt.

Textteil zu Aufgabe A2

Als zentrales Ziel einer jeden Organisation kann das erfolgreiche Wirtschaften, also der öko-nimische Erfolg gesehen werden. Im Vordergrund stehen Gewinne zu erzielen und somit Profit zu generieren. So nimmt die Organisation in der Betriebswirtschaftslehre eine wichtige Rolle ein, da sich eine optimale Organisation als entscheidenden Wettbewerbs- und Wirt-schaftssektor erweist. Der Begriff Organisation kann als Zusammenschluss von Menschen- und Sachen verstanden werden, die ein gemeinsames Ziel verfolgen. Organisieren meint das Schaffen von Regeln sowie Richtlinien, damit ein zielgerichtetes und koordiniertes Handeln möglich ist. Übersetzt werden kann der Begriff Organisation als „Bewerkstelligung", was soviel wie Planung und Durchführung eines Vorhabens bedeutet.[30] Mit der Struktur einer Organisation kann ein System von Regelungen in einer bestimmten Organisation verstanden werden.[31] Grundsätzlich dominieren in einem Unternehmen zwei unterschiedliche Organisa-tionsstrukturen: die divisionale und funktionale Organisation, wobei besonders die funktio-nale Organisation den Anfang der Entwicklung von Organisationsmodellen verkörpert.[32] Die Firma „Musterfirma" zählt mit ihren insgesamt 1.600 Mitarbeitenden zu den mittelständi-schen Unternehmen und setzt sich als funktionale Organisation zusammen.

Die funktionale Organisation agiert als klassische Organisationsform und ist hauptsächlich in kleinen sowie mittelständischen Unternehmen, die einheitliche Produktionsprogramme

---

[29] Vgl. Weuster (1987), S. 409
[30] Vgl. Heise (2010), S. 11
[31] Vgl. Gabler Wirtschaftslexikon (o. J.)
[32] Vgl. Bea/Göbel (2019), S. 341; Vera (2001), S. 68

anstreben, vertreten.[33] Diese Form der Primärorganisation ist die älteste Organisationsform in der Entwicklungsgeschichte der Industriebetriebe.[34] Die Organisationsstruktur kann mithilfe eines Organigramms abgebildet werden.[35] Da das Organigramm der Firma „Musterfirma" nicht bekannt ist, stellt die anschließende Abbildung die oben beschriebene Organisationsstruktur dar, welche sich dabei auf einen Teil des hierarischen Aufbaus der Firma „Musterfirma" stützt.

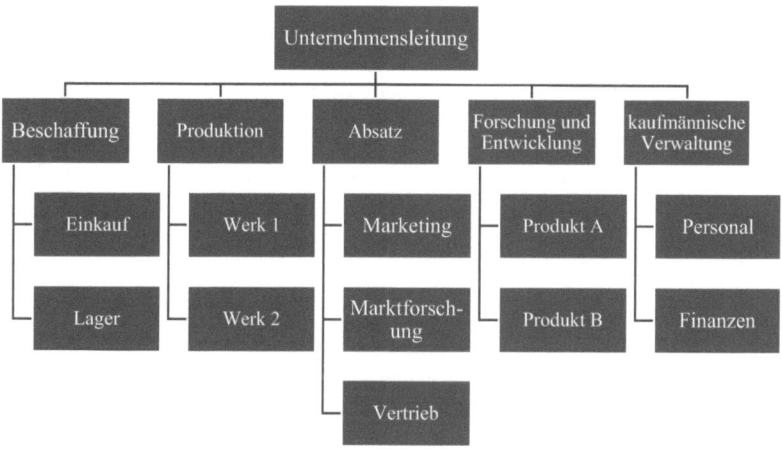

Abbildung 1: Organigramm des Unternehmens „Musterfirma" als funktionale Organisation

(Quelle: Eigene Darstellung in Anlehnung an Bea/Göbel (2019), S. 342)

Hinsichtlich der funktionalen Organisation spricht man von einer Form der Aufbauorganisation innerhalb des Unternehmens, welche sich durch folgende drei Merkmale charakterisiert: Verrichtungsprinzip, Einliniensystem und Zentralisation.[36] Somit wird nach Bach et al. (2017) die funktionale Organisation als „eine verrichtungsorientierte Einlinienorganisation mit einer Tendenz zur Entscheidungszentralisation" definiert.[37]

---

[33] Vgl. BWL-Lexikon. (o. J.); Laske/Meister-Scheytt/Küpers (2006), S. 49
[34] Vgl. Bea/Gölbel (2019), S. 341; Nicolai (2020), S. 128
[35] Vgl. BWL-Lexikon (o. J.)
[36] Vgl. Bea/Göbel (2019), S. 341; BWL-Lexikon (o. J.)
[37] Bach et al. (2017), S. 280

Das Verrichtungsprinzip soll zum Ausdruck bringen, dass auf der zweiten Hierarchieebene unterhalb der Geschäftsführung nach Verrichtungen bzw. gleichwertigen Funktionen gegliedert wird. Da im Normalfall ein Industriebbetrieb Funktionen wie Beschaffung, Produktion, Absatz sowie Forschung und Entwicklung hat, können diese wie aus Abbildung 1 hervor geht, in Bezug auf die Firma „Musterfirma" übernommen werden. Angesichts der Auswahl wesentlicher Funktionen hängen diese üblicherweise stark vom jeweiligen Leistungsprozess ab. Dadurch kann die funktionale Organisation in ihrer zweiten Hierarchieebene je nach Unternehmen anders aussehen. Im Hinblick auf die Firma „Musterfirma" kann ergänzend zum Grundmodell der funktionalen Organisation die Funktion kaufmännische Verwaltung hinzugefügt werden. Die verschiedenen Funktionsbereiche können auf einer dritten Ebene zusätzlich ihrerseits im Innenverhältnis nach Funktionen sowie Objekten untergliedert werden, was z.B. für Mehrproduktunternehmen charakteristisch ist.[38] So wird aus der obigen Abbildung deutlich, dass sich bspw. die Produktion in Werk 1 und Werk 2 gliedert, da davon ausgegangen wird, dass die hochpreisigen Armbanduhren in diesen zwei Werken entwickelt werden.

Wie eingangs erläutert, gleicht die funktionale Organisation in den Weisungsbeziehungen dem Einliniensystem, was bedeutet, dass jeder Mitarbeitende ausschließlich von einen Vorgesetzten Anweisungen erhält und umgekehrt berichten die Mitarbeiter auch nur an einen Vorgesetzten.[39] Demzufolge resultieren zahlreiche Koordinationsaufgaben für die Geschäftsführung, da zwischen den einzelnen Verrichtungen einige produkt- und marktbezogene Abhänigkeiten bestehen.[40] In der ersten Hierachieebene stehen somit die Koordination, Steuerung sowie Überwachung der Organisation im Fokus. Zudem trifft sie Entscheidungen über Ressourcen und gibt Ziele vor. Somit wird sie auch als strategischer Funktionsbereich einer Organisation beschrieben.[41] Falls die Geschäftsführung aufgrund von Überlastungsgründen der strategischen Planung des Unternehmens nicht mehr zureichend nachkommen kann, besteht die Möglichkeit, dass die Geschäftsleitung durch Personenergänzung entlastet wird, wie bspw. durch neue Geschäftsführer.[42]

---

[38] Vgl. Laske/Meister-Scheytt/Küpers (2006), S. 49
[39] Vgl. Bach et al. (2012), S. 263
[40] Vgl. Bach et al. (2017), S. 280
[41] Vgl. Vahs (2019), S. 145-147
[42] Vgl. Bokranz/Hildebrandt/Wehling (1995), S. 89

Die Tendenz zur Entscheidungszentralisierung erfolgt vor allem deshalb, da die Unternehmensleitung die einzelnen Funktionsbereiche stark steuern muss, um das erwünschte Unternehmensziel erreichen zu können.[43] Weitere Merkmale der Zentralisation einer funktionalen Organisation wären bspw. Kontrollinstrumente, wie persönliche Weisung, Selbstabstimmung, Pläne sowie Programme. Die einzelnen Funktionsbereiche verfügen hierbei nur die Möglichkeit über operative Details zu entscheiden. Allerdings können sog. Funktionsleiter im Leitungsorgan vertreten sein. Daher können diese bei strategischen Entscheidungen partizipieren ,was dazu führt, dass das Unternehmen gleichzeitig durch deren Fachkompetenz profitieren kann.[44]

Durch genauere Betrachtung der funktionalen Organisation eines Unternehmens, werden einige Vor- und Nachteile deutlich. Zu den Vorteilen kann die Zusammenlegung von Funktionen bzw. Verrichtungsarten gezählt werden, was nicht nur zu einem Lerneffekt führt, sondern ebenfalls einen Spezialisierungsvorteil mit sich bringt. Durch Bündelung identischer Ressourcen in einer Einheit wird so doppelte Arbeit vermieden.[45] So ist bspw. nicht für jedes Produkt eine eigene Marketingabteilung erforderlich, da eine Abteilung den Unternehmensauftritt in allen Bereichen organisiert. Zudem bietet die verrichtungsorientierte Bündelung die Möglichkeit ressourceneinsparend in der Produktion zu arbeiten, da sie Losgrößenvorteile erzielen sowie anfallende Fixkosten senken kann. Hier ist jedoch darauf zu achten, dass die produzierenden Anlagen nicht ständig umgerüstet werden müssen.[46] Ein weiterer relevanter Vorteil ergibt sich aus dem Aufbau der funktionalen Organisationsstruktur, da sich dieser sehr einfach und überschaubar darstellen lässt. Aufgrund des hierarischen Aufbaus sind die Verantwortungsbereiche klar und eindeutig zu identifizieren. Diese Organisationsstruktur ermöglicht eine Realisierung von Kostendegressionseffekten, welche durch Skalen- und Verbundeffekte gewährleistet werden können. Weiterhin wird durch die funktionale Organisationsstruktur der Grad an Arbeitsteilung sehr hoch gehalten. Dies führt zu einer Optimierung von Lern- und Erfahrungskurveneffekte, was eine Effizienzsteigerung der Arbeitsleistung zur Folge hat.[47] Dadurch, dass die Arbeitsteilung überwiegend an der Logik der Leistungserstellung anknüpft, lassen sich zum einen Abläufe gut standardisieren und zum

---

[43] Vgl. Bach et al. (2017), S. 280
[44] Vgl. Bea/Göbel (2019), S. 342- 343
[45] Vgl. Bea/Göbel (2019), S. 343
[46] Vgl. Bach et al. (2012), S. 264; Laske/Meister-Scheytt/Küpers (2006), S. 49-50
[47] Vgl. Frör et al. (2016), S. 49

anderen Zuständigkeiten deutlich voneinander abgrenzen. Auch die Heranbildung von Funktionsspezialisten in einzelnen Bereichen wird als Vorteil gedeutet, denn dadurch kommt es zu Erleichterung bzgl. des Einsatzes und Bereitstellung von Personal.[48] Positiv anzumerken ist zudem auch die optimale Nutzung sowie Förderung von Spezialisierungs- und Standardisierungseffekten. Innerhalb eines Funktionsbereiches können die Aufgaben durch standardisierte Lösungsansätze durchgeführt werden, wodurch es zu einer deutlichen Einschränkung bzw. Verringerung von möglichen Fehlerquellen kommen kann. Infolgedessen kann eine langfristige Aufwand- und Zeitersparnis ermöglicht werden und zudem eine Bündelung spezifischen Wissenspotentials erreicht werden.[49] Weiterhin vorteilhaft ist hier auch die Verringerung der vertikalen Koordinationskosten, welche durch die Entscheidungszentralisierung gewährleistet werden. Folglich sind funktionale Organisationen in der Lage schnell und vor allem flexibel auf quantitative Umweltveränderungen zu reagieren. Nennenswerte Beispiele hierfür wären die zügige Veränderung der Stückzahl, die Umrüstung auf ein anderes Produkt oder auch die Reaktion auf Qualitätsmängel.[50]

Den oben genannten Vorteilen stehen jedoch auch einige Nachteile gegenüber. Die Hauptproblematik der funktionalen Organisation wird darin gesehen, dass infolge der Orientierung am Leistungsprozess die Entwicklung autonomer Bereiche nicht gewährleistet wird. Dies ist darauf zurückzuführen, dass sich horizontale Abhängigkeiten sowie vielfältige Interdependenzen zwischen den Funktionen befinden. Jedoch läuft die Koordination in einer funktionalen Organisation nicht auf direktem Wege ab, sondern erschwert über die den Funktionsbereichen übergeordnete Instanz, was schließlich zu einer Entscheidungs- und Koordinationszentralisation an der Spitze der Organisation führt ("Flaschenhalseffekt").[51] Die Überlastung der Unternehmensleitung aufgrund zahlreicher Koordinationsaufgaben hat zur Folge, dass zum einen die Übersicht verloren geht und zum anderen das Tagesgeschäft zu Lasten des strategischen Geschäfts überwiegt. Zudem sind in den einzelnen Funktionsbereichen keine eigenständige Produkt- und Marktverantwortung gewährleistet. Dementsprechend kann man sagen, dass ein Mangel an Markt- und damit Wettbewerbsorientierung in dem funktionalen Modell gegeben ist. Weiterhin besteht die Gefahr, dass ein hoher

[48] Vgl. Laske/Meister-Scheytt/Küpers (2006), S. 50
[49] Vgl. Frör et al. (2016), S. 49
[50] Vgl. Bach et al. (2012), S. 282
[51] Vgl. Ritz/Thom (2019), S. 216

Spezialisierungsgrad häufig zu Ressortegoismus sowie Bereichsdenken führen kann. Ohne jegliche Rücksicht auf Nachbarberreiche oder die Erreichung des Gesamtziels, streben die einzelnen Bereiche die Erreichung ihre (Kosten-) Ziele an. Dabei ist bspw. die Produktion besonders an einer kostengünstigen Fertigung interessiert, mit einer großen Serie, kurzen Durchlaufzeiten und einer hohen Auslastung ohne Rücksicht auf die Absetzbarkeit. Daneben möchte die Beschaffung einen möglichst günstigen Einkauf erzielen, auch auf Lasten der Qualität oder auf Kosten der Lagerhaltung.[52] Das Risiko eines entstehenden Ressortegoismus führt zudem zu Suboptimierungen sowie zur Spaltung der Geschäftsleitung. Ein weiterer negativer Aspekt ergibt sich daraus, dass Mitarbeiter die zukünftig einen Aufstieg in die oberste Leitungsebene anstreben, in der Vergangenheit über einen längeren Zeitraum als Fachspezialisten tätig waren und somit nur beschränkte Kenntnisse anderer Bereiche und der Gesamtzusammenhänge nachweisen können. Dies behindert vor allem die Entwicklung von Generalisten.[53] Als weitere Schwäche lässt sich anführen, dass aufgrund der nicht eindeutigen Zuordnung von Aufgaben zu einer Funktion die Geschäftsführung bestimmen muss, wer diese auszuführen hat.[54] Daraus resultieren neben zusätzlichen koordinative Aufwand gleichzeitig höhere Kosten.[55]

Abschließend lässt sich jedoch sagen, dass sich die oben genannten Nachteile optimieren lassen, indem man die funktionale Organisation mit Teilen aus der divisionalen Organisation oder der Matrix-Organisation ergänzt. Diese eignen sich hinsichtlich der marktnahen Untergliederung nach Produkten oder auch Regionen. Hier gibt es bspw. die Option Querschnittmanager zu etablieren, die für die Koordination von Aktivitäten in den einzelnen Funktionen zuständig sind. Auch durch Einbeziehung dieser Manager bleibt das Modell der funktionalen Organisation erhalten, da diese keinerlei Entscheidungskompetenzen besitzen, weshalb die funktionale Organisation in vielen Unternehmen einen hohen Stellenwert findet.[56]

---

[52] Vgl. Laske/Meister-Scheytt/Küpers (2006), S. 50
[53] Vgl. Freichel (1992), S. 120
[54] Vgl. Schreyögg/Geiger (2016), S. 44
[55] Vgl. Freichel (1992), S. 120
[56] Vgl. Bach et al. (2017), S. 283-284

Textteil zu Aufgabe A3

Im Unternehmen „Musterfirma" gingen in den vergangenen Monaten vermehrt Beschwerden von Bewerbern bzgl. der unterschiedlichen Durchführung von Auswahlgesprächen ein. Um dem entgegen zu wirken muss dringend die unternehmensinterne Personalauswahl genauer betrachtet sowie strukturiert an die Lösung des Problems herangegangen werden. Als effektives Verfahren für Auswahlgespräche kann für die Firma „Musterfirma" das Multimodale Interview (MMI) nach Schuler herangezogen werden. Dabei soll im folgenden zunächst auf die aktuellen Probleme bei Auswahlgesprächen eingegangen werden und förderliche Lösungsansätze erfolgen. Eine wichtige Anmerkung hierbei ist, dass die Begriffe Einstellungsinterview, Interview sowie Auswahl-, Einstellungs-, und Vorstellungsgespräch synonym verwendet werden.[57]

Nach Schuler (2018) kann das Auswahlgespräch folgendermaßen definiert werden: „Unter einem Einstellunsinterview ist eine Gesprächssituation zwischen zwei oder mehreren Personen – Repräsentanten der auswählenden Organisation einerseits und Stellenbewerber andererseits – zu verstehen, die Gelegenheit zum Austausch bewerbungsrelevanter person-, arbeits-, und organisationsbezogener Information bietet und damit als Grundlage für Auswahlentscheidungen seitens der Organisation und der Organisationsauswahl seitens des Bewerber dient."[58]

Die Einstellung neuer Mitarbeiter in einem Unternehmen ist vergleichbar mit einer größeren Investitionsentscheidungen, weshalb das Einstellungsgespräch zu den grundlegenden Methoden im Rahmen der Personalauswahl zählt.[59] Neben dem persönlichen Kennenlernen zwischen den Repräsentanten und der Bewertung von Fertigkeiten, Fähigkeiten sowie der Motivation der Bewerber, ermöglicht das Auswahlgespräch zudem das Vereinbaren und Verhandeln der Vertragsbedingungen. Demzufolge sind die Funktionen eines Vorstellungsgesprächs äußerst vielfältig und in der Praxis überwiegend von beiden Seiten akzeptiert, nicht zuletzt aufgrund des geringeren Kostenanfalls im Vergleich zu anderen Auswahlverfahren.[60]

---

[57] Vgl. Schuler (2018), S. 14
[58] Schuler (2018), S. 13
[59] Vgl. Burkhardt/Stobbe (1999), S. 2; Schuler (2018), S. 13
[60] Vgl. Hochholdinger (2002), S. 22; Strobel/Westhoff (2009), S. 84

Aufgrunddessen kann das Einstellungsgespräch als die Auswahlmethode gesehen werden, die mit am häufigsten Verwendung findet.[61] Während eines Vorstellungsgesprächs fungieren verbale (z.B. Rhetorik, Inhalt) wie nonverbale (z.B. Auftreten, Aussehen) Informationen der Bewerber als Quelle der Urteilsbildung.[62] Im Vergleich zur schriftlichen oder elektronischen Kontakaufnahme ermöglicht die direkte Interaktion einen leichteren Aufbau von Sympathie und Vertrauen.[63] Die Hauptproblematik besteht jedoch darin, dass genau dieser unmittelbar persönliche Kontakt bei der Suche nach der „richtigen Person für den richtigen Platz" zu einer leistungsdiagnostischen Herausforderung werden kann. Dies ist vor allem dann der Fall, wenn dem Vorstellungsgespräch keine spezifischen Strukturierungen und Vorbereitungen vorausgegangen sind und lediglich Verallgemeinerungen vorangestellt wurden, was hier in Bezug auf die Firma „Musterfirma" aufgrund der Vielzahl an Beschwerden denkbar wäre. Dadurch dass sich der Interviewer nicht genügend auf die Vorbereitung fokussiert, die Anforderungen des Arbeitsplatzes zu wenig kennt, falsche Fragen stellt und mit den Antworten des Bewerbers nichts anzufangen weiß, ist dieser für den Misserfolg des Auswahlgesprächs im großen Maße mitverantwortlich.

Um eine erfolgreiche Durchführung des Interviews zu gewährleisten, sollte die Firma „Musterfirma" künftig auf eine anforderungsbezogene Gestaltung des Interviews achten. Damit ist gemeint, dass bereits im Vorfeld eine Anforderungsanalyse für die zu besetzende Stelle formuliert werden soll.[64] Dabei ist es empfehlenswert genaue Dimensionen herauszuarbeiten, sodass diese später im Interview abgefragt werden können. Weiterhin sollen zu den einzelnen Fragen Antworten sowie ein Bewertungssystem mit Bewertungshinweisen entworfen werden.[65]

Wie oben bereits erwähnt, beruht das Auswahlgespräch auf einer frageorientierten Kommunikation, welche auf einer verbalen sowie nonverbalen Ebene verläuft. Dabei ist es vorteilhaft, dass während des gesamten Zeitraums Notizen, vom Interviewer sowohl auch vom Bewerber sebst, gemacht werden. Dies dient dem einfachen Zweck, dass spätere Entscheidungen besser nachvollziehbar sind. Um Beurteilungsfehler und Wahrnehmunsverzerrungen

---

[61] Vgl. Winkler/Dörr/Klebl (2017), S. 69
[62] Vgl.
[63] Vgl. Schuler (2018), S. 16
[64] Vgl. Schuler (2018), S. 227
[65] Vgl. Blickle (2019), S. 279

vorzubeugen, ist es ratsam sich auf einen Interviewleitfaden zu stützen. Dieser ermöglicht neben der Erfragung aller notwendigen Informationen auch, dass allen Bewerbern während des Interviews die selben Fragen gestellt werden, um dadurch ein hohes Maß an Gleichberechtigung sicherstellen zu können. Insofern ist eine optimale Vorbereitung auf ein Auswahlgespräch essentiell.[66]

Eine weitere Handlungsempfehlung ist, dass sich lediglich nur auf diejenigen Merkmale fokussiert werden sollte, die nicht bereits anderweitig ermittelt wurden, wie bspw. Schul- und Examsnoten, da diese bereits durch andere Institutionen identifiziert wurden. Auch wäre ein Training der Interviewer ratsam, um eine optimale Durchführung des Interviews zu gewährleisten.[67] Indem der Interviewer im Vorfeld entsprechend geschult wird, bringt dies gleichzeit den Effekt, dass die Ergebnisse trotz verschiedener Interviewer immer gleich bewertet werden können, unabhängig von den Fähigkeiten der durchführenden Person.[68]

Empfehlenswert wäre weiterhin das Auswahlgespräch in teilstandardisierter Form zu vollziehen, da die Bewerbenden eine freie Gesprächsform präferieren, was mit einem vollstrukturierten Interview nicht der Fall ist.[69] Hinsichtlich des teilstrukturierten Interview ist zu beachten, dass sich der Redeanteil bei 30:70 seitens des Bewerbers befinden sollte. Während des Interviews sollte sich die Zeitspanne zwischen 30 und 60 Minuten bewegen. Zudem kann mit der Durchführung des Gesprächs an einem stillen Ort eine entspannte Gesprächsatmosphäre erzielt werden.[70]

In Bezug auf die Fragen ist es wichtig diese auch richtig zu stellen, um einen optimalen Ablauf des Auswahlgesprächs zu erlangen. Wichtig hierbei ist es sich von der geschlossenen Fragetechnik zu distanzieren sowie darauf zu achten nicht willkürlich viele Fragen zu stellen. Im Gegensatz dazu ist der Einsatz von offenen Fragen, die i.d.R. mit einem „W" (z.B. wie, was, warum, usw.) anfangen von Vorteil. Durch diese Frageform erreicht man ein fundiertes Bild über den Bewerber und motiviert ihn gleichzeitig dazu von sich aus zu erzählen und somit „Ja" oder „Nein" Antworten zu umgehen.[71] Weiterhin ist es wichtig die Reihenfolge

---

[66] Vgl. Lorenz/Rohrschneider (2015), S. 97-98
[67] Vgl. Schuler (2014b), S. 281
[68] Vgl. Schuler (2013), S. 48-49
[69] Vgl. Schuler (2018), S. 227
[70] Vgl. Strzygowski (2014), S. 148
[71] Vgl. Anchouri (2015), S. 26

der Fragen zu befolgen. Nur so kann eine hohe Validität des Gesprächs gewährleistet werden.[72]

Nachfolgend werden kurz die theoretischen Grundlagen des MMI erläutert, um im Anschluss einen optimalen Ablauf eines Auswahlgesprächs aufzuführen.

Bei dem MMI handelt es sich um eine Sonderform der strukturierten Auswahlgespräche, welches im Jahr 1992 von Schuler in Zusammenarbeit mit dem deutschen Bankverband entwickelt wurden. Das MMI setzt Diagnoseprinzipien ein, um die maximale Validität bei den Personalauswahlgesprächen zu gewährleisten. Diese Form des Auswahlgesprächs hat eine hohe prognostische Validität von $r=0,51$, gleichzeitig deckt es alle Gesprächsinhalte ab. Durch Anpassung des Grundaufbaus, ist das Interview in diverse Versuchs- und Anwendungsfelder einsetztbar.[73] Das Grundkonzept des MMI baut auf auf dem trimodalen Ansatz der Berufseignungsdiagnostik auf, welcher aus drei methodischen Grundkonzepten besteht: den Eigenschaftsansatz, den Simulationsansatz sowie den biografischen Ansatz.[74] Hinsichtlich des Eigenschaftsansatzes werden Charaktereigenschaften des Bewerbers erfasst, deren Vorhandensein als fest, kaum veränderlich angenommen wird wie bspw. Intelligenz. Um einen Erfolg prognostizieren zu können, sollten die Merkmale anhand ihrer Konstruktvalidität kontrolliert werden. Im Rahmen des Simulationsansatzes werden Fragen gestellt, die den Bewerber an seiner Arbeitsstelle erwarten können. Der biografische Ansatz ermittelt die bisherigen Berufs- und Lebenserfahrungen sowie den beruflichen Werdegang einer Person.[75] Mittles des MMI ist es möglich diverse Facetten einer Person standardisiert zu erfassen, die einen Einfluss auf das künftige berufliche sowie private Verhalten haben können.[76]

Das MMI beinhaltet i.d.R. acht Gesprächskomponenten von denen fünf zur Eignungsbewertung und der Verhaltenseinschätzung des Bewerbenden herangezogen werden. Die Funktion der anderen drei Komponenten liegt in der Einführung, Überleitung und Klärung abschließender Fragen. Somit erzielt das Gespräch eine natürliche Wirkung und der Teilnehmer wird zusätzlich über die Stellenanforderungen informiert. Im Sinne eines strukturierten Ablaufs ist der Ablauf der Einzelkomponenten weitestgehend festgelegt, zumal diese aufeinander

---

[72] Vgl. Blickle (2019), S. 279
[73] Vgl. Reinhardt/Kunnig (2016), S. 67; Schuler (1992), S. 284-285
[74] Vgl. Schuler (2018), S. 28-29
[75] Vgl. Höft/Schuler (2019), S. 75-76, 82
[76] Vgl. Schuler (2013), S. 33

aufbauen.[77] Eines der Merkmale an der Gesprächsführung des MMI ist insb. der Wechsel zwischen standardisierten und freien Gesprächsteilen. Diese Vorhergehensweise schafft einen von den Teilnehmern als angenehm empfundene Gesprächssituation. Zudem ermöglicht die Standardisierung, dass alle Bewerber gleichgestellt werden.[78] Im Folgenden werden die acht Gesprächsphasen des Multimodalen Interviews erläutert.[79]

> **Gesprächsbeginn:** Dieser bildet den ersten Teil des MMI, welcher ein kurzes, informelles Gespräch bildet, das der Überleitung von der Begrüßung in das eigentliche Interview dient und einen offene, freundliche Gesprächsatmosphäre zwischen den Teilnehmern erzeugt. Eine Bewertung findet in diesem Gesprächsabschnitt noch nicht statt.

> **Selbstvorstellung des Bewerbenden:** Hier steht der Bewerber unmittelbar im Fokus. Diese Komponente dient der Selbstvorstellung des Bewerbers bzgl. seines bisherigen beruflichen und schulischen Werdegangs. Weiterhin nutzt der Interviewer die Selbstvorstellung um Informationen über die Berufswahl sowie die berufsbezogenen Erwartungen des Bewerbers an die künftige Stelle zu erlangen. Hier findet die Bewertung auf verschiedenen Dimensionen statt, die die Anforderungen der Stelle miteinschließen und speziell in dieser Situation festzustellen sind. Die Beurteilung findet auf einer Skala von 1-5 statt. Mögliche Dimensionen können bspw. die Organisation (strukturiert, wichtige Punkte aufgeführt), Erfolgsorientierung (positive Arbeitseinstellung, sicheres Auftreten) und Kooperation (Blickkontakt, Erscheinungsbild) sein.

> **Freier Gesprächsteil:** In diesem freien Gesprächsabschnitt werden durchschnittlich fünf Fragen gestellt, die sich entweder aus den vorangegangenen Antworten des Bewerbers oder bei der Durchsicht seiner Bewerbungsunterlagen ergeben haben. Der Ablauf ist unstrukturiert und die Frageform offengehalten, was den Bewerber zum Erzählen auffordert. Die Bewertung erfolgt am Ende des Gesprächs.

> **Berufsinteressen, Berufs- und Organisationswahl:** Dieser Gesprächsabschnitt dient der Hinterfragung berufsbezogener Interessen und der Beweggründe, die zur Berufsauswahl und letzendlich zur Bewerbung geführt haben. Auch wird hier das Selbstbild des Bewerbers abgefragt und wie die bewerbende Person mit den

---

[77] Vgl. Schuler (2014b), S. 287
[78] Vgl. Handelsblatt (o. J.)
[79] Vgl. Schuler (2018), S. 230-232

Anforderungen der ausgeschriebenen Stelle umgehen würden. Hinsichtlich der Bewertung wäre wieder ein System von Einstufungsskalen empfehlenswert. Wenn hingegen ausschließlich nach Handlungswissen gefragt wird, gibt es lediglich eine Richtig- oder Falsch-Skala zur Beurteilung des Bewerbers.

➢ **Biografiebezogenen Fragen:** Dieser Fragenteil stützt sich auf den eigenschaftstheoretischen Ansatz sowie den Simulationansatz. Hier orientieren sich die Fragen aus dem Simulationsansatz an bereits gegebene Situationen. Anfangs werden die Fragen offen gestellt und Stück für Stück eingegrenzt, um so die bewerbende Person in ihrer Handlungsweise besser einschätzen zu können. Die Bewertung erfolgt ebenfalls an einer Einstufungsskala.

➢ **Realistische Tätigkeitsinformation:** Hier wird der Bewerber über die vorherrschenden Rahmenbedingungen im Unternehmen informiert. Dabei handelt es sich vor allem um Informationen bzgl. der Tätigkeit sowie den Anforderungen, die an seinen künftigen Berufsalltag gestellt sein werden. Dabei werden nicht nur positive Aspekte angesprochen, sondern auch die negativen, sodass der Bewerber die Anstellung realistisch einschätzen kann. Zweck dieses Abschnitts ist neben der Klärung offener Fragen seitens des Bewerbers auch die mögliche Unterstützung seiner persönlichen Selektion und Entscheidungsfindung. Eine Bewertung findet hier nicht statt.

➢ **Situative Fragen:** In diesem Abschnitt findet kurz eine erfolgskritische Situation statt, die der Bewerber auf verschiedene Arten bewältigen kann. Durch diesen Fragentypus werden dem Interviewer ein realistisches Bild über die Problembewältigungskompetenz des Bewerbers und dessen bereits gemachten Erfahrungen ermöglicht. Die Antworten werden durch Vergleich mit Skalenverankerungen und sofortiger Einstufung bewertet.

➢ **Gesprächsabschluss:** Im Gesprächsabschluss erfolgt neben der Klärung noch offenen Fragen, Informationen über das weitere Vorgehen. Eine weitere Bewertung findet an dieser Stelle nicht statt.

Zusammenfassend lässt sich darlegen, dass das MMI infolge ihres strukturierten Aufbaus sowie den einheitlichen Standards zur Beurteilung nicht nur eine hohen Objektivität und Validität bietet, sondern ebenfalls ein hohes Maß an Sicherheit gewährleistet. Zudem ist es einfach in der Anwendung und benötig eine geringe Gesprächsvorbereitung- und führung. Auf Grund dieser Vorteile entspricht das MMI einem äußerst vielseitigen und somit vielversprechenden Auswahlinstrument für die Firma „Musterfirma".[80]

---

[80] Vgl. Personalpsychologie (o. J.)

Literaturverzeichnis

Schuler, H. (2013), Personalauswahl – eine eignungsdiagnostische Perspektive. In: Stock-Homburg, R. (Hrsg.), Handbuch strategisches Personalmanagement, 2., überarb. und erweiterte Aufl., Wiesbaden.

Bea, F.-X./Göbel, E. (2019), Organisation: Theorie und Gestaltung, 5., vollständig überarb. Aufl., München.

Laske, S./Meister-Scheytt, C./Küpers, W. (2006), Organisation und Führung, 1. Aufl., Münster.

Nicolai, C. (2020), Betriebliche Organisation, 3. Aufl., Tübingen.

Bach, N./Brehm, C./Buchholz, W./Petry, T. (2017), Organisation: Gestaltung wertschöpfungsorientierter Architekturen, Prozesse und Strukturen, 2., vollständig überarb. und erweiterte Aufl., Wiesbaden.

Carl, N./Fiedler, R./Jrasz, W./Kiesel, M. (2017), BWL kompakt und verständlich: Für Studierende von Ingenieurs- und IT-Studiengängen sowie für Fach- und Führungskräfte ohne BWL-Studium, 4., überab. und aktualisierte Aufl., Wiesbaden.

Lorenz, M./Rohrschneider, U. (2015), Erfolgreiche Personalauswahl: Sicher, schnell und durchdacht, 2. Aufl., Wiesbaden.

Bröckermann, R. (2016), Personalwirtschaft: Lehr- und Übungsbuch für Human Resource Management, 7., überarb. Aufl., Stuttgart.

Reinhardt, R. (2016), Personalmanagement, 4. Aufl., Studienbrief der SRH Fernhochschule, Riedlingen.

Heise, W. (2010), Das kleine 1x1 der Organisationslehre.

Schreyögg, G./Geiger, D. (2016), Organisation: Grundlagen moderner Organisationsgestaltung. Mit Fallstudie, 6., vollständig überarb. und erweiterte Aufl., Wiesbaden.

Bach, N./Brehm, C./Buchholz, W./Petry, T. (2012), Wertschöpfungsorientierte Organisation: Architekturen – Prozesse – Strukturen, 1. Aufl., Wiesbaden.

Bokranz, R./Hildebrand, B./Wehling, J. (1995), Organisation im Bankbetrieb: Band 1 Aufbauorganisation, Ablauforganisation, Datenerhebung, 1. Aufl., Wiesbaden.

Frör, C./Schick, D./Merk, J./Kunnig, A. (2016), Organisationsstrukturen, 3. Aufl., Studienbrief der SRH Fernhochschule, Riedlingen.

Ritz, A./Thom, N. (2019), Public Management: Erfolgreiche Steuerung öffentlicher Organisationen, 6. Aufl., Wiesbaden.

Freichel, S.-L.-K. (1992), Organisation von Logistikservice-Netzwerken: Theoretische Konzeption und empirische Fallstudie, 1. Aufl., Berlin.

Schuler, H. (2018), Das Einstellungsinterview, 2., überarb. Aufl., Göttingen.

Blickle, G. (2019), Personalauswahl. In: Nerdinger, F.-W./Blickle, G./Schaper, N. (Hrsg.), Arbeits- und Organisationspsychologie, 4., vollständig überab. Aufl., Berlin.

Strzygowski, S. (2014), Personalauswahl im Vertrieb: Wie Sie die passenden Top-Performer finden und gewinnen, 1. Aufl., Wiesbaden.

Achouri, C. (2015), Human Resources Management: Eine praxisbasierte Einführung, 2. Aufl., Wiesbaden.

Schuler, H. (1992), Das multimodale Einstellungsinterview.

Schuler, H. (2014a), Psychologische Personalauswahl: Eignungsdiagnostik für Personalentscheidungen und Berufsberatung, 4., vollständig überarb. und erweiterte Aufl., Göttingen.

Kauffeld, S./Grohmann, A. (2019), Personalauswahl. In: Kauffeld, S. (Hrsg.), Arbeits-, Organisations- und Personalpsychologie für Bachelor, 3. Aufl, Berlin.

Strobel, A./Franke-Bartholdt, L. (2017), Interviewverfahren und biografischer Fragebogen. In: Krause, D.-E. (Hrsg.), Personalauswahl: Die wichtigsten diagnostischen Verfahren für das Human Resources Management, 1. Aufl, Wiesbaden.

Aigner, U./Bauer, C. (2008), Der Weg zum richtigen Mitarbeiter: Personalplanung, Suche, Auswahl und Integration, 1. Aufl., Wien.

Schuler, H. (2014b), Biografieorientierte Verfahren der Personalauswahl. In: Schuler, H./U.-P. Kanning (Hrsg.), Lehrbuch der Personalpsychologie, 3., überarb. und erweiterte Aufl., Göttingen.

Schuler, H. (2011), Personalauswahl: Eine eignungsdiagnostische Perspektive, In: Stock-Homburg, R./Wolff, B. (Hrsg.), Handbuch Strategisches Personalmanagement, 1. Aufl., Wiesbaden.

Goldsmith, D. (1922), The use of the personal history blank as a salesmanship test, Journal of Applied Psychology, 6. Aufl.

Höft, S./Schuler, H. (2019), Personalmarketing und Personalauswahl, In: Schuler, H./Moser, K. (Hrsg.), Lehrbuch Organisationspsychologie, 6., überarb. Aufl., Bern.

Mumford, M.-D./Barrett, J.-D./Hester, K.-S. (2012), Background Data: Use of Experiential Knowledge in Personnel Selection. In: Schmitt, N. (Hrsg.), The Oxford Handbook of Personnel Assessment and Selection, 1. Aufl., Oxford, UK.

Schuler, H. (1986), Der Einsatz biographischer Fragebogen zur Prognose des Berufserfolgs: Einleitende Überlegungen und Überblick. In: Schuler, H./Stehle, W. (Hrsg.), Biographische Fragebogen als Methode der Personalauswahl, 1. Aufl., Stuttgart.

Reinhardt, R./Kunnig, A. (2016), Personalmanagement, 4. Aufl., Studienbrief der SRH Fernhochschule, Riedlingen.

Liebel, H.-J. (1993), Eignungsdiagnostik. In: Strutz, H. (Hrsg.), Handbuch Personalmarketing, 2., erweiterte Aufl., Wiebaden.

Bliesener, T. (1996), Methodological moderats in validating biographical data in personnel selection. Journal of Occupational and Organizational Psychology, 69(1).

Vahs, D. (2019), Organisation: Ein Lehr- und Managementbuch, 10., überarb. Aufl., Stuttgart.

Hochholdinger, S. (2002), Evaluation von Managementdiagnostik: Methoden, Konstrukte, Beispiele, Dissertation an der Universität Mannheim.

Strobel, A./Westhoff, K. (2009), Leitfadenkonstruktion. In: Westhoff, K. (Hrsg.), Das Entscheidungsorientierte Gespräch (EOG) als Eignungsinterview, Lengerich.

Plate, T. (2006), Evaluation der Eignungsdiagnostik bei der Personalauswahl von Unternehmensberatern: Validität und Nutzen am Beispiel eines Beratungsunternehmens, Dissertation, Heidelberg.

Winkler, B./Dörr, S./Klebl, U. (2017), Diagnose erfolgsrelevanter Kompetenzen und Motive von Führungskräften. In: Von Au, C. (Hrsg.), Auswahl und Onboarding von Führungspersönlichkeiten: Diagnose, Assessment und Integration, Wiesbaden.

Burkhardt, M./Stobbe, C. (1999), Das erfolgreiche Einstellungsinterview: Fach- und Führungskräfte professionell auswählen – ein Ratgeber mit vielen praktischen Hilfen, 2. Aufl., Renningen-Malmsheim.

Lienert, G.-A./Raatz, U. (1998), Testaufbau und Testanalyse, 6. Aufl., Weinheim Basel.

Internetquellenverzeichnis

Handelsblatt (o. J.), Multimodales Interview – Valide Methode für die Personalauswahl, https://firmen.handelsblatt.com/multimodales-interview.html, abgerufen am 18.07.2021.

Personalpsychologie (o. J.), Das Multimodale Interview MMI, https://www.personalpsychologie.de/leistungen/das-multimodale-interview-mmi, abgerufen am 19.07.2021.

Weuster, A. (1987), Der Biographische Fragebogen (BF) als Instrument der Personalauswahl. In: Zeitschrift für Personalforschung, Heft 4. https://doi.org/10.1177%2F239700228700100403, abgerufen am 30.06.2021.

Gabler Wirtschaftslexikon (o. J.), Organisationsstruktur, Organisationsstruktur • Definition | Gabler Wirtschaftslexikon, abgerufen am 05.07.2021.

BWL-Lexikon (o. J.), Funktionalorganisation, ▷ Funktionalorganisation » Definition, Erklärung & Beispiele + Übungsfragen (bwl-lexikon.de), abgerufen am 06.07.2021.

BEI GRIN MACHT SICH IHR WISSEN BEZAHLT

- Wir veröffentlichen Ihre Hausarbeit,
  Bachelor- und Masterarbeit

- Ihr eigenes eBook und Buch -
  weltweit in allen wichtigen Shops

- Verdienen Sie an jedem Verkauf

Jetzt bei www.GRIN.com hochladen
und kostenlos publizieren